AF434663

Todo grande ESCRITOR é um péssimo NARRADOR daquilo que sente.

Créditos:
Revisão: Talita Ribeiro
Ilustração capa: Charles Farias
Ilustração do miolo: freepik.com e pngtree.com
Capa e diagramação: Danielly Martins

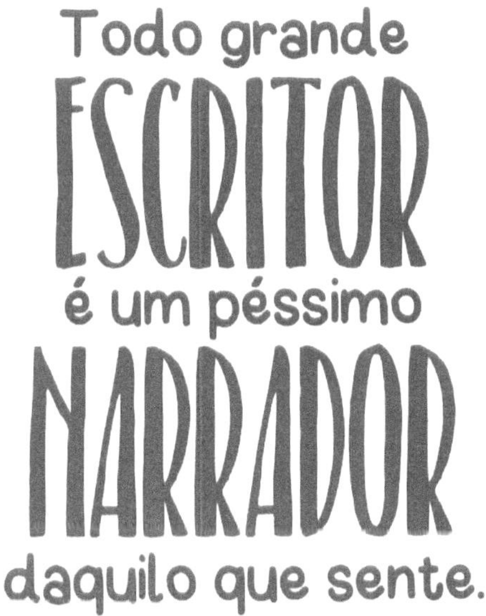

Talita Ribeiro

DICA AO LEITOR

Algumas poesias foram escritas escutando músicas. Ao ler procure ela na sua plataforma preferida, veja a tradução transcrita no livro antes da poesia, e leia o poema escutando a música.

Ps: espero que goste da sensação.

POESIAS

*Esse livro é dedicado ao
tempo que me fez ser poeta.*

*A minha mãe que me criou para ser
forte, e as fases difíceis que me mostrou
que todo grande escritor foi sofredor em
algum momento da vida.*

Este livro reúne pequenos pedaços de mim.

Ao ler espero que sinta em cada página o mesmo
sentimento que senti. Talvez lá no fundo essa seja a
graça de ser escritor...

**Dizer os sentimentos óbvios, mas sempre ocultos pelo
coração.**

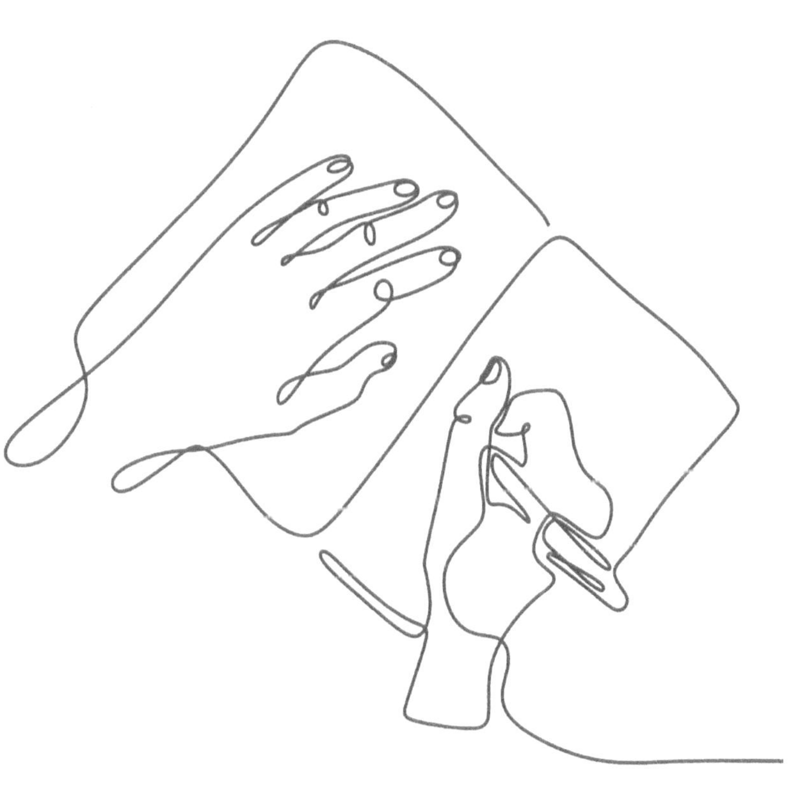

Ter medo do amor é engraçado
 para quem nunca desiste dele.

Ter pressa pelos dias
 Não condiz com os receios do meu coração.

Em você encontrei

Minha narrativa favorita.

Construí em meu coração um muro para que ninguém o apedrejasse, e nesse muro foi você quem jogou todas as pedras.

Por você escrevi um livro, criei canções

e as cantei por aí.

Por você fiz dos quilômetros, minutos na esperança

apenas de estar mais perto, mesmo não estando.

por você esperei dias

Compartilhei sonhos

Errei

Aprendi

Desaprendi

Sonhei

Chorei

Desacreditei

E me perdi.

Sou a mistura da nona sinfonia de Beethoven,

Com o solo de guitarra do Guns N' Roses.

SIMONE

Mãe é saudade que mora dentro do peito
É aconchego nos dias frios
É casa em qualquer lugar sem destino
É a primeira forma de amor que conhecemos na
vida.

- Eu te amo
 (ele disse)

Sempre achei essa palavra pesada para se dizer …
Não dá para espalhar um
"Eu te amo" como se fosse bom dia.

- Você sabe bem o que está dizendo?
(perguntei)

- Ah sei lá, eu devo ter falado no calor do
momento.
(ele disse de manhã depois que pensou bem nas
palavras)

De fato, ele não me amava
Só achava que era amor…
Já eu, nunca disse **Eu te amo** para ele
Mas o AMAVA.

Eu sei que a vida anda incerta
Que seus planos já são outros, mas
preciso te falar

Que se esse sentimento também bate
aí dentro do teu peito
Peço pra você ficar.

Escrita ao som de Joseph Vincent
Can't Take My Eyes Off You

*"You're just too good to be true
Can't take my eyes off you."*

Eu não sei se já te disse mas
EU AMO OS TEUS OLHOS!

Aqueles olhos
Que me olham fixamente.

Aqueles olhos
Que brilham quando me veem.

Aqueles olhos
Que me transmitem paz no fim do dia.
Aquele par de olhos
Que me faz pensar onde andavam
Antes de se depararem com os meus…

Aqueles olhos de menino, homem.
Aqueles olhos que me dizem
tudo que eu preciso saber
sem ao menos você abrir a boca.

Aqueles olhos castanhos cor de café...
EU AMO CAFÉ!

E eu não sei se já te disse mas
EU AMO OS TEUS OLHOS.

Logo eu com o coração ferido
Machucado e sem abrigo
Não esperava te encontrar.

Logo eu que já teve tantos planos
E contava os desenganos
Desistiu de procurar.

Só que a gente se encontrou no tempo errado
Só me escuta com cuidado
Antes de se apressar…

Mais depois de falar do sentimento
Dos meus sonhos e receios
O meu mundo desabou.

E assim foi
Toda minha esperança
Como aquela de criança
Que sonhava com o amor

Vou te relatar rapidinho as notícias

É a sexta temporada do ano, e estamos apenas no capítulo dois. Mais de 30 mil pessoas em nosso país viraram lembranças e todas elas eram amores na vida de alguém.

Os abraços deixaram saudades, e as pessoas andam procurando igualdade. Os olhares nunca precisaram ser tão sinceros.

Cobrimos o sorriso por conta de um vírus.

Mascaramos o rosto e o coração, e no meio desse furacão, a minha única conclusão, é que esse ano só valeu pelo privilégio de ter te encontrado.

02.06.2020

"I know how it starts, trust me, I've been broken before
I'm so scared to fall in love, but if it's for you, then I will try."

Ele era dia chuvoso
Dia de preguiça e inverno nebuloso

Ela era primavera
Dia de sol, onde as flores surgem na relva.

Sempre que a chuva vinha o sol se escondia
Mas sempre que o sol raiava
A chuva minguava e o amor florescia.

Eu gostava mesmo era dos dias de sol

Dos dias que o amor se fazia presente
Dos dias de ligações intermináveis
E das risadas contentes.

Mas nem todo dia era assim…
O sol sempre tentava entender
O por que a Chuva o apagava sempre?
Por que não deixava florescer aquele amor?
Por que ele insistia em fazer um abismo entre a gente?

Os dias eram assim…

Vez sol
Vez chuva
Vez flores
Vez frio.

E hoje, exatamente hoje, estou no meio de uma
tempestade.

Minha avó sempre disse:

A gente sabe quando é amor de verdade, você vai sentir quando for a pessoa.

Ela estava certa
A gente sempre sabe
Mas como que sabe, eu não sei
A gente só sabe.

É só olhar que você vai sentir
Você vai saber que é ela!
Que é ele!

E hoje eu sei que é você!

P.S.: engraçado como as certezas mudam rápido

Nietzsche disse uma vez que:
 *"O amor é o estado no qual os homens têm mais
probabilidades de ver as coisas tal como elas não são."*

Refletindo sobre isso concluo que amor de verdade não
é cego.
Eu mesma enxergo bem todos os teus defeitos, mas meu
amor é maior que todos eles.
Suas infinitas qualidades também.

Agora a paixão sim, a paixão é cega.
Inventa qualidades onde não tem
Mas o problema é que eu te amo
E eu vejo teus defeitos
Todos eles.

E os amos também.

Escrita ao som de James Arthur - **Maybe**

"I don't know what's going on
Where you came from and why it took so long
All I know is that I feel it like it's the realest thing, I mean it
Something changed when I saw you."

O que seria isso?

Isso que cresce a cada dia mais e vai tomando
significado
Isso que tem poesia
Tem amizade
Tem música
Tem teu sorriso
Tem bom dia de manhã
E aquela vontade de nunca desligar a ligação a noite.

É isso que eles dizem ser amor?

Isso que me faz pensar em você no primeiro segundo
em que acordo, e no último que vou dormir.
Esse que da graça e leveza aos dias junto com tua voz
Esse que me apresentou teus olhos

Então isso seria amor?

Isso que chegou, e agora eu não me vejo sem.
Isso que é morada no fim do dia cheio de serviço.
Isso que salvou o ano
Não de um vírus, mais da monotonia.
Isso que mudou tudo do dia pra noite.
Bateu na porta e entrou trazendo você dizendo:

Prazer .... seu nome.

Tenho comigo a sensação de que depois de você, nunca mais vou conseguir sentir algo por alguém de novo.

Não por ter te amado demais, mas por ter medo que meu mundo desmorone outra vez.

Escrito ao som de: Tiago Iorc - **Till im old and gray**
(Acústico)

"All I ask is that
Just let me be
Who takes you home and I'll take
you until I'm old and white-haired.''

Gosto de sentir isso que faz do monótono algo bom.

Por exemplo hoje é terça-feira dia vinte e oito de julho
de dois mil e vinte e eu estou dentro de um ônibus
exatamente às 18:46 da noite escrevendo sobre você.

Pode até ser exagero da minha parte, até porque todo dia
nos falamos, mas mesmo assim **eu sinto saudade.**

Hoje em específico foi um dia cansativo.
Dormi pouco e trabalhei muito, mas não deixei de
pensar em você, nem se quer um segundo.

E eu sei que vamos nos falar a noite
E provavelmente te contarei do dia
Das notícias, **e da saudade.**

Mas aí você me pergunta ...

- Talita que graça você vê nisso?

É terça-feira, fim de mês.
E todo dia é a mesma rotina.
Levanta de manhã
Pega o mesmo ônibus
O mesmo trânsito

Vai pro mesmo trabalho

E sempre volta esgotada.

- Bom você não entenderia

E eu não teria tempo para te explicar, preciso descer no próximo ponto.

Só vou ligar para ele mais tarde...
Apenas pra dizer
Que peguei o mesmo ônibus
O mesmo trânsito
Fui pro mesmo trabalho

Mas que morri de saudade.

Ando te amando demais
E amar demais também cansa.

Ando sonhando demais
E sonhar demais também assusta.

Ando pensando demais
E pensar demais me faz ver que meu silêncio é poesia

Por isso te escrevo tanto...

Porque ando te querendo demais
E querer sem poder ter também machuca.

Eu sei que você também me ama
Mas a gente não se ama da mesma forma e é por isso
que você insiste em me fazer esperar, mesmo sem pedir,
mesmo sem falar.

Eu espero, porque sonho com a gente
E você sonha sozinho.

É melhor acordar.

Escrita ao som de Alabama shakes - **this feeling.**

" l spent all this time trying to find out why no one was on my side. so, I just kept waiting and will keep waiting."

A gente planeja a nossas vidas juntos como se não soubesse que vai dar errado.
Que vai ser jogado tempo e esforço por água abaixo...

Chega a ser engraçado
Esse amor que não é proibido, mas é sempre adiado.

Adiado por você, e tudo bem, não foi planejado.
Os planos vieram antes de eu ter chegado.

Quando terminamos de sonhar você me olha e diz

- Somos jovens demais.

Convence o seu coração também quando tudo estiver acabado.

Mas enquanto isso eu vou achando engraçado.

**A gente planeja a nossas vidas juntos
como se não soubesse que vai dar errado.**

Escrita ao som de Jake Bugg - **A Song About Love**.

É dia 14 de agosto de 2020 só faltam mais 3 meses e 16 dias pra acabar o ano, e que ano!
No sábado passado atingimos a marca de 100 mil mortes, 100 mil pessoas que perderam alguém que amava... e eu aqui... amando você.

Parece egoísmo, eu sei...

Tanta gente se perdendo e eu enfim te encontrei.

Escrito ao som de: Jason Mraz - **A Beautiful Mess**

"What a beautiful mess this is
It's like taking a guess when the only answer is yes."

É interessante essa conectividade que as pessoas têm umas com as outras, desde o primeiro olhar até o último suspiro.

Essa conectividade que mãe tem com filho, essa de amigos e essa de amor.

Talvez tenha sido a mesma conectividade que me fez te olhar e saber que você era diferente.

Aquele "diferente." que iria mudar a minha vida.

Sinto que cada vez que chorava
Uma parte de você também partia

Não é fácil escrever sobre a gente, é como falar que amo em terceira pessoa ou narrar a minha própria história.

Prefiro acreditar que tudo isso está sendo produzido e dirigido pelos nomes mais temidos do cinema.

Que foi escrito por: **Stephen King**
Dirigido por: **Quentin Tarantino**
Baseado na obra de: **George R.R. Martin**
E produzido por: **Shonda Rhimes.**

E não que foi escrito por mim
Dirigido pelo tempo
Baseado no amor
E produzido por nós ao longo dos dias.

Não é fácil escrever sobre a gente, principalmente pra mim, que já tive os planos frustrados.

Como eu disse não é fácil, mas é mais fácil que explicar.

Explicar esse enredo da minha vida
Essa pequena parte onde te encontrei
Assim desacreditada de tudo.

Sinto que a pressa de viver
as vezes me atrapalha

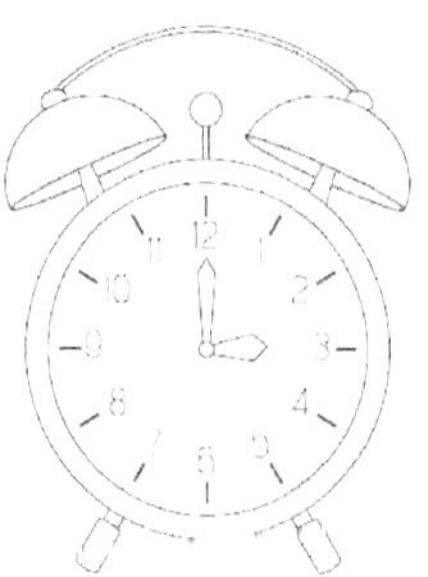

Hoje me perguntaram:
O que te separa de quem você ama?

Pensei um pouco e disse:
Duas horas, 154 quilômetros e um vírus.

Quando o amor dá errado
A gente faz oque?

AMORES IMPERFEITOS

A vida é bonita mesmo sendo injusta com os amores.

O tempo é cruel mesmo sendo professor, e ensinando que nem tudo vai dar certo sempre.

E o amor…
O amor dói as vezes

E como dói.

Toda noite eu choro!

De manhã eu acordo com raiva,
Raiva dele e de tudo e chego a pensar que foi melhor
assim
...

A Tarde eu danço com a melancolia, penso que fui
alguém que deu errado no amor e me lamentando por
isso.

E os meus dias tem sido assim...
Tentando sobreviver a realidade.

Mas toda noite eu choro!
Nem uma noite se quer a falta vai embora.

É como se o meu coração quisesse que as coisas fossem
diferentes, pelo-menos uma única vez.

O amor na maior
parte do tempo é simples

Amores ruins
estragam músicas boas

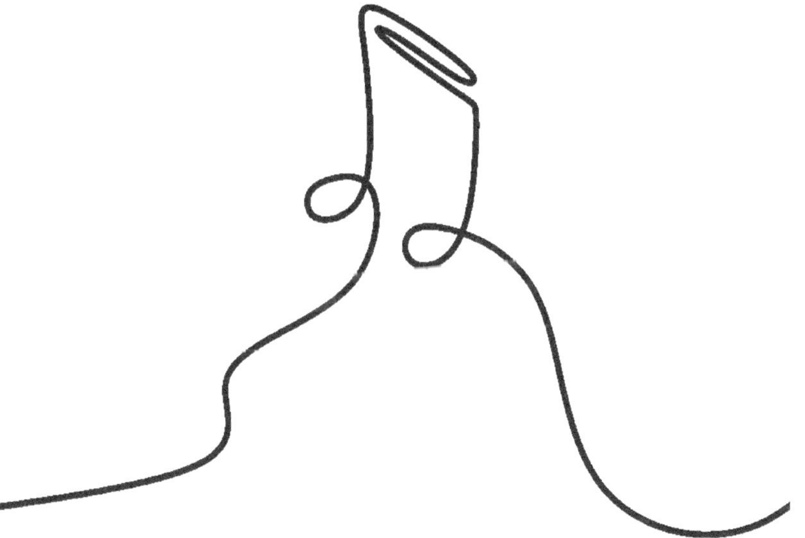

Sempre me achei diferente meio atípica e longe do normal imposto pela sociedade.
 Nos tempos de criança, gostava mesmo era de ficar com os mais velhos, ouvir e contar boas histórias.

Eu era e ainda sou aquela menina que ama futebol, literatura, arte, natureza e que respira música.

Enquanto isso todo mundo ia em um rumo diferente, a maioria gostava de coisas mais físicas e menos sentidas. Tinha gente que passava horas na academia, no cabeleireiro, na manicure, no shopping, e na social mídia.

Não que essas coisas sejam ruins, mas era tão diferente de mim.

Enquanto todo mundo ia assim, eu só queria deitar no sofá com meu moletom ler um bom livro e dar risada com a minha família.

Sempre conheci muita gente, e tive poucos amigos inclusive a melhor de todas sempre foi a minha mãe.

Tive alguns "amores" aqueles que duram estações e se perdem no caminho.

Já me decepcionei muito, mas sempre encontrei nas circunstâncias ruins algo de positivo.

Acho que por isso eu fiquei assim…

Fora da caixinha e dentro de um livro.

Músicas

Tuca Oliveira – **Coincidência**
Joseph Vincent - **Can't Take My Eyes Off You**
Ali Gatie -**It's You**
James Arthur – **Maybe**
Tiago Iorc- **Till im old and gray (Acústico)**
Alabama shakes - **this feeling.**
Jake Bugg - **A Song About Love**.
Jason Mraz - **A Beautiful Mess**

AGRADECIMENTOS!

Meus agradecimentos hoje vão às pessoas que passaram por minha vida e mesmo que por pouco tempo, também fizeram parte de quem sou, por isso, gostaria de agradecer ao meu primeiro melhor amigo, e aos cinco bons anos que carrego comigo até hoje. Quero agradecer a tia da cantina do colégio onde estudei, ao zelador seu João, a dona Cida minha antiga costureira, e a minha professora Márcia do jardim de infância.
Agradecer aquela colega de trabalho, que me ensinou quando eu ainda não tinha nenhuma experiência, e também as outras pessoas que treinei depois que adquiri ela.

Mas também gostaria de agradecer pessoas de longas datas, como dona Almira, minha avó Dilma, e minha avó Lurdes, aos meus amigos, em especial Emanuelle e ao grande amor da minha vida, minha mãe; Simone.

Gostaria de agradecer as pessoas que ficaram, mas principalmente as pessoas que se foram.
Por conta de vocês, me tornei esse amontoado de histórias inacabadas, mas que de certa forma tiveram o seu fim, e sabe eu amo ser assim. Esse montão de histórias, pequenas e grandes com apenas 23 anos.

Não vejo a hora de colecionar mais e mais histórias, e com elas escrever novos livros, com enredos que só um bom escritor pode contar.

SOBRE A AUTORA

Talita Ribeiro, nasceu no dia 2 de março de 1999 em Teresina - PI, atualmente mora em São Paulo - SP com sua família.
Formada em fotografia e Administração
É apaixonada por arte, música, futebol e outras peculiaridades, mas foi o seu apreço pelos livros que a fez desenvolver o amor pela escrita, e assim aos seus 21 anos, escreveu a sua primeira obra autoral e aos 23 o seu terceiro livro.

Acompanhe meu Instagram:
@att_talita